Christel Gottwals
und
Anja Zimmer

Märchen für mutige Menschen...

...und solche, die es werden wollen.

1. Auflage 2008

Printed in Germany

Satz und Layout: Anja Zimmer
Umschlagbild:
Foto: Frank Glabian
Gestaltung: Anja Zimmer

Druck und Bindung:
www.lokay24.de

Mix
Produktgruppe aus vorbildlich bewirtschafteten Wäldern und anderen kontrollierten Herkünften
www.fsc.org Zert.-Nr. IMO-COC-026041
© 1996 Forest Stewardship Council

FSC

WWW.FRAUENZIMMER-VERLAG.DE

ISBN 978-3-937013-07-7

Für Jana, Paula und Kirsten

Inhalt

Christel Gottwals

Die große Frau Jo

In einem abgelegenen Tal stand zwischen Bachlauf und Waldrand eine alte Mühle. Der Mühlenbetrieb war viele Jahre schon eingestellt. Heruntergekommen und verlassen wirkte alles von weitem. Seit Jahren hatte sich keine Menschenseele mehr in diese einsame Gegend verlaufen. Deshalb konnte auch niemand wissen, dass irgendwann in einer hellen Mondnacht jemand eingezogen war in die alte Mühle.
Es war die Nacht von Ostersonntag auf Ostermontag, als im hellen Licht des vollen Mondes eine große schlanke Gestalt auf einem hohen Pferd am Bachlauf entlang in das abgelegene Tal gekommen war. Gemächlichen Schrittes war das Pferd am Bachlauf immer tiefer hinein in das abgelegene Tal getrabt, so weit, bis es ganz hinten am Waldrand an der alten Mühle stehen geblieben war.

Es war die große Frau Jo, die ins Tal gekommen war in dieser Nacht. Das Nötigste, was sie zum Leben brauchte, war in Satteltaschen und Säcken verpackt, Vorräte, kleinere Werkzeuge und Decken. Kerzen, Zündhölzer, drei Bücher, eine Taschenlampe und ein paar weitere persönliche Dinge waren noch in ihrem Rucksack verwahrt. Das alles hatte sie abgeladen im blassen Schein des Mondes. Für diese Nacht hatte sie das Pferd hinter der Mühle auf einer kleinen Wiese angebunden. Durch die quietschende schwere alte Holztüre hatte die große Frau Jo die Mühle betreten. Bücken musste sie sich dabei, obwohl die Türe recht groß war. Dann hatte sie sich auf einer alten Pritsche ein Nachtlager gemacht. Und obwohl die Pritsche hart war und zu kurz für die große Frau Jo, war sie unter ihren Decken mit angezogenen Knien bald eingeschlafen.

Mehr als fünf Stunden war sie durch den Abend und die Nacht geritten. Deshalb schlief sie lange und tief bis fast in den nächsten Mittag hinein.

Als sie aufstand und sich in dem staubigen Mühlenraum umsah, schien die Frühlingssonne durch die Fensterscheiben. Sie trat hinaus, ging um die Mühle herum zu ihrem Pferd und streichelte ihm lange die Mähne und den Kopf. „Lass uns hier bleiben“, sagte sie ihm ins Ohr. „Hier ist ein guter Platz für uns. - Zuerst werde ich dir hier ein großes Stück Wiese einzäunen und einen Unterstand bauen.“

Das tat sie wirklich, die große Frau Jo. Von Jugend an war sie sehr geschickt in handwerklichen Dingen. Der Großvater hatte ihr das beigebracht in Kindertagen.

In einem Winkel im Keller war eine alte Werkstatt eingerichtet. Verschiedene alte Sägen und Äxte konnte sie finden und allerlei andere nützliche Dinge. Auch einen alten Holzschuppen gab es und auf dem Dachboden, nahe am Mahlstock, lagen Säcke und Schnüre in großer Zahl.

Von diesem Tag an hatte Frau Jo begonnen, für sich und ihr Pferd ein Zuhause zurechtzumachen, so gut es eben ging. So war nach einigen Tagen ein großes Wiesenstück eingezäunt. Nach wiederum einigen Tagen war auch ein kleiner Unterstand für das Pferd gebaut. Schließlich könnte ja ein Unwetter kommen oder eine große Hitze. Für sich selbst machte sie die Stube zurecht, die einmal die Gesindestube gewesen sein musste. Die war gleich neben der Küche. Zum Schlafen stieg sie in die kleine Kammer hinauf, die neben dem Mahlstock lag. Bald baute sie sich ein großes Bett, damit sie nicht weiter mit angezogenen Knien schlafen musste.

So viel Staub und Mehl musste sie fegen, viele Ritzen dicht machen, bis sie in der Küche zum ersten Mal kochen konnte. Das dauerte mehr als eine Woche. Aber mit der Zeit nahm das Leben in der Mühle langsam seinen Gang. Neben dem Mahlstock standen Säcke mit Getreide. Das Korn war alt, aber noch trocken und konnte gemahlen werden.

Eines Morgens ging die große Frau Jo zum Mühlenteich direkt am Waldrand hinauf und wollte sehen, ob sie die Schleuse öffnen konnte. Das war schwer, weil alles alt und verrostet war. Sie musste ihr Pferd holen, ihm einen Strick umbinden und das andere Ende am eisernen Rad fest machen. Das Pferd war stark und zog kräftig. Da quietschte das Rad laut und drehte sich langsam auf. Das Wasser schoss durch den Graben und

gleich darauf begann das große Mühlrad sich zu drehen. Einen ganzen Sack Mehl konnte sie mahlen an diesem Tag. Das war eine Freude. Sie machte zum ersten Mal Feuer in dem alten Küchenherd und buk in einer großen Eisenpfanne das erste Fladenbrot.
Das Leben in der Mühle machte viel Arbeit. In den großen Wald hinter der Mühle ging Frau Jo sehr oft, denn es musste Holz gesammelt werden für den Ofen, möglichst viel, damit im Winter genügend Vorrat da war. Pilze, Beeren und Kräuter fand sie dort auch.
Nach einigen Wochen war alles recht ordentlich hergerichtet, - einfach zwar, aber ihr genügte es. Nun legte Frau Jo eine Pause ein. Mit ihrem Pferd machte sie einen großen Ausritt bis tief in den Wald hinein. Als sie am Abend wieder aus dem Wald heraus kamen, leuchteten schon einige Sterne am Himmel. Die alte Mühle lag ruhig da. Auf einmal bemerkte sie, dass sie selbst auch ruhig geworden war, dass Frieden in ihr Herz gezogen war.
Das war gut so. Denn vorher hatte sie viel Not gehabt, - so viel, dass sie weg wollte, weit weg von den Menschen. Zu viele hatten

ihr das Herz schwer gemacht und ihre Gedanken oft zornig oder traurig.
Als sie ein ganz kleines Kind gewesen war, ja, da war alles noch gut gewesen. Die Eltern hatten eine Pferdezucht. Große wunderschöne Pferde verkauften sie an Fürsten und Könige überall hin. Stolz waren die Eltern auf ihre kleine Johanna. Denn so hieß sie eigentlich, die große Frau Jo.
Als sie fünf Jahre alt wurde, sagten sie: „Wir wollen Johanna in die Schule schicken. Sie ist schon so groß."
Der Lehrer in der Schule ließ sie allerlei Arbeiten übernehmen. Auch musste sie sich um die jüngeren Kinder kümmern.
„Weil du so groß bist...", hatte er gesagt, dabei war Johanna doch auch gerade erst in die Schule gekommen.
Kam Johanna nach Hause, sagten die Eltern: „Ach, deine Schularbeiten, die kannst du schon alleine machen, du bist ja schon groß. Und nachher passt du auf die kleine Schwester auf."
Johanna gefiel es bald gar nicht mehr, groß zu sein. Spielen wollte sie, Bücher lesen, mit dem Nachbarjungen ein Baumhaus bauen.

Die Tiere des Bauern besuchen wollte sie und über Wiesen und Felder laufen. Manchmal am Abend auf dem Schoß der Mutter sitzen, das wollte sie, - aber sie hörte: „Du bist doch schon groß; lass die kleine Schwester hier sitzen."

Johanna wuchs tatsächlich sehr schnell und wurde ein außergewöhnlich großes Mädchen. Und sie bemerkte nur all zu oft, dass das nicht schön war. Eigentlich war sie ja noch ein Kind, aber ihr Körper wuchs einfach schneller, als bei anderen Kindern. Viele Erwachsenen taten deshalb, als wäre sie schon groß. Oft wünschte sie sich, kleiner zu sein oder wenigstens nicht mehr zu wachsen. Aber sie wuchs immer weiter. Bald sagte der Vater: „Wenn sie zu groß wird, findet sie später keinen Mann. Was machen wir nur?"

Bald lag Johanna ganz gekrümmt in ihrem Bett. Der Vater möge ihr ein größeres Bett machen lassen, bat sie. Aber der sagte: „Nein, vielleicht hört das Wachsen auf, wenn deine Beine unten am Bett anstoßen."

Johanna weinte nun oft, bevor sie einschlief. Denn das Wachsen hörte nicht auf und es tat weh, so gekrümmt im Bett zu liegen.

„Wenn ich nicht einmal mehr in meinem Bett richtig ausgestreckt liegen darf, mache ich mir eben ein Bett bei den Pferden im Stall", dachte sie.
So nahm sie ihr Bettzeug und machte sich im Pferdestall auf Stroh ein Nachtlager, direkt neben ihrem eigenen Pferd, das der Großvater ihr geschenkt hatte, als sie zwölf Jahre alt geworden war. Alles Bitten der Mutter half nicht. Von diesem Tag an schlief Johanna im Pferdestall.
„Wenn Pferde groß sind, finden das alle gut", dachte sie eines Morgens, als sie aufwachte und von ihrem Strohlager hinauf sah zu ihrem Pferd, das direkt neben ihr stand. Der Stallknecht lachte sie aus, wenn er morgens in den Stall kam und die Pferde versorgte.
„Aus dir wird nie eine Dame", sagte er dann. „Dein Vater sähe es gerne, du würdest einen Fürsten oder König heiraten. Aber daraus kann nichts werden. Eine Frau, die im Stall schläft und jetzt schon zwei Köpfe größer ist als ihr Vater, das kann nicht angehen."
Die alte Nachbarin war früher immer freundlich zu Johanna gewesen. An ihrem

zwanzigsten Geburtstag aber sagte sie in jämmerlichem Ton: „Ach Mädchen, was soll aus dir werden? Nach Pferdestall riechst du, Hosen trägst du, die auch noch zu kurz sind und die alten Hemden von deinem Großvater, die zu weit sind. Manche Vogelscheuche ist schöner als du."

Bald nannte sie keiner mehr „Johanna". Alle nannten sie nur noch: „die große Frau Jo".

Mit Pferden war sie lieber zusammen als mit Menschen. So verstand sie bald mehr von ihnen als jeder gute Pferdezüchter. Manche sagten sogar, sie könne die Sprache der Pferde verstehen.

Eines Tages beschloss Johanna, wegzugehen, weit weg, irgendwohin, wo Ruhe und Frieden war und es niemanden störte, dass sie eine so große Frau war. In der Abenddämmerung hatte sie das Nötigste zusammengepackt, ihr Pferd gesattelt und den Hof der Eltern verlassen ohne ein Wort. Sehr spät in der Nacht war sie in das abgelegene Tal gelangt, in dem die alte verlassene Mühle stand.

„Ja, so war das", sagte sie halblaut zu ihrem Pferd, als sie nach dem langen Ausritt an diesem Abend wieder zurück zur Mühle kam. Die alten Erinnerungen hatten sie etwas traurig gemacht, aber ihr Herz war doch froh und zufrieden. Das merkte sie genau, als sie das Pferd in seinen Unterstand brachte. Sie streichelte ihm noch eine Weile die Mähne und den Kopf.

„Hier geht es uns gut, hier bleiben wir", sagte sie ihm ins Ohr. Dann ging sie in die Mühle und legte sich schlafen in ihrer Kammer neben dem Mahlstock.

So verging die Zeit. Und alles wäre immer so weiter gegangen, wenn nicht eines Abends eine fremde Frau auf einem schönen stolzen Pferd aus dem Wald gekommen wäre.

Johanna kam gerade aus dem Holzschuppen, als sie sie gewahr wurde. Sie merkte gleich, dass das Pferd und seine Reiterin müde und kraftlos waren. Ohne viel Worte ging sie auf sie zu, nahm die Zügel des Pferdes und führte es auf die kleine Weide und zu dem Wassertrog. Nachdem die Frau vom Pferd gestiegen war, bemerkte Johanna erst, dass sie eben so groß war, wie sie selbst.

Als sie wenig später in ihrer Küche saß, von ihrem Brot aß und Wasser trank, schaute Jo-

hanna sie genauer an. Ihre Reiterkleidung war vom feinsten Stoff. Die Schnallen der Stiefel waren aus Gold wie die Knöpfe ihrer Reiterjacke. Oben am Kragen glänzte eine kleine goldene Krone. Johanna fragte ohne Umschweife, wer sie denn sei und woher sie käme. Die große schöne Frau erzählte, sie sei die Königin eines Landes, das weit hinter dem großen Wald lag. Sieben Tage und sieben Nächte sei sie mit ihrem Pferd unterwegs gewesen. Sie habe einmal sehen wollen, was hinter dem großen Wald sei, erzählte sie weiter. So habe sie etwas Vorrat eingepackt und sei los geritten. Als sie immer tiefer in den Wald gekommen war, hatte sie sich bald verirrt und wusste nicht mehr, wie sie jemals wieder heraus finden sollte. Nachts hatte sie nur wenig geschlafen. Es war ja kalt und feucht und sie hatte weder Decken noch etwas, womit sie sich hätte ein Feuer machen können. Müde und erschöpft sah sie aus, die große Frau, die eine Königin war. Bevor Johanna ihr aber ein Lager in der Küche zurecht machte, fragte sie noch:
„Ist es nicht schlimm, wenn man eine große Frau ist in deinem Land?“

Da lachte die große Königin, dass es durch die ganze alte Mühle schallte.
„Bei uns gilt es als besonders schön, wenn eine Frau recht groß ist", sagte sie und nickte kräftig mit ihrem Kopf. Dann erzählte sie weiter, dass beinahe alle Frauen in ihrem Land so groß seien. Auch wunderschöne Pferde gebe es dort und einen großen Pferdehof nahe am Schloss. Johanna machte große Augen. Aber von sich erzählte sie nicht viel.
„Ich bin die große Frau Jo und lebe hier mit meinem Pferd", sagte sie nur. Dann machte sie der Königin ein Nachtlager zurecht, nahe am Ofen, damit sie es warm hätte nach den anstrengenden Tagen und Nächten im Wald. Weil die große Königin so müde war, fragte sie nicht weiter, legte sich hin und schlief auf der Stelle ein.
Am anderen Morgen stand Johanna früh auf und versorgte die Pferde. Als sie in die Küche kam, war die Königin gerade aufgewacht. Johanna sprach kein Wort, kochte Tee und machte das Frühstück zurecht. Als die Königin sich satt gegessen hatte, blickte sie Johanna lange an.
„Du bist eine kluge, geschickte Frau. Auch

kannst du gut mit Pferden umgehen. Das habe ich gleich bemerkt. Willst du nicht mit mir kommen in mein Land hinter dem großen Wald? Ich könnte eine tüchtige Frau gebrauchen, die sich um meine Pferde kümmert am Hof.“

Johanna überlegte. Das Leben in der alten Mühle war oft genug hart. Aber frei sein und von niemandem gedemütigt werden, das war alle Härte wert.

„Ich kann es ja versuchen“, sagte sie dann.

Die Königin nickte nur. Dann sattelten sie wortlos zusammen die Pferde. Johanna packte ein, was sie für die lange Reise brauchten. Dann verschloss sie sorgsam die Mühle und ritt mit der großen Frau, die eine Königin war, in den Wald hinein.

In den ersten Tagen sprachen sie nicht viel. Die Königin merkte bald, dass es gut war, mit der großen Frau Jo unterwegs zu sein. Jetzt hatten sie genug zu essen dabei und Decken, um in der Nacht nicht zu frieren, wenn sie unter einem Baum ihr Lager machten. Ein Feuer hatten sie nun auch in der Nacht. Und in Gesellschaft verging die Zeit viel schneller. Am dritten Tag erzählte Johanna, wie es ihr ergangen war unter den Menschen und warum sie in das verlassene Tal und in die alte Mühle gezogen war. Die Königin hörte gut zu. Am Morgen des siebenten Tages hörte sie dann, dass die große Frau Jo eigentlich Johanna hieß. Da lachte die Königin wieder laut und von Herzen und sagte: „Johanna, heute Abend schon kannst du in das schöne Haus neben dem Pferdehof ziehen. Da hast du es warm und freundlich, hast genug zum Leben und musst dich nicht mehr so plagen wie in der alten Mühle. Dort kannst du sein, wie du bist und wie du willst. Auch deinem Pferd soll es gut gehen. Alle Pferde am Hof werden sich freuen, wenn du da bist, denn Pferde mögen nur Menschen, die sich zeigen, wie sie sind. Und besonders mögen sie große starke Frauen, die reden und schweigen können."

Johanna hörte diese Worte und merkte, wie ihr Herz froh und leicht wurde. Als sie am Abend endlich aus dem großen Wald heraus geritten kamen, konnte Johanna nur staunen. Die große Frau neben ihr, die eine Königin war, hatte nicht zu viel gesagt. Tatsächlich waren in ihrem Land alle Frauen so groß wie

Johanna, ja manche waren sogar noch etwas größer. Viele schöne große Pferde gab es am Hof. Johanna verstand sich wie keine andere darauf, sie aufzuziehen, zu pflegen, ja sogar zu heilen, wenn einmal eines von ihnen krank oder verletzt war. So lebte sie mit ihrem Pferd glücklich im Land der großen Königin. Die Königin selbst aber wurde ihre beste Freundin.
Niemand nannte sie mehr die große Frau Jo. Alle nannten sie Johanna, die Frau, die mit den Pferden sprechen kann.

Anja Zimmer

Das Märchen von der Gärtnerin

Es war einmal ein Mädchen, dem gab man immer graue Schuhe, die viel zu klein waren. Immer wieder bat es um größere Schuhe, und wenn es ganz mutig wurde, wollte es auch bunte Schuhe haben, aber man verwehrte sie ihm.

„Diese Schuhe sind genau deine Größe. Du bildest dir das alles nur ein. Nun geh in deinen grauen Schuhen und hör auf zu jammern."

Dann glaubte das Mädchen für einen Moment, dass diese Schuhe vielleicht doch richtig für es seien. Und dann kamen wieder Zweifel in ihm auf, ob es nicht doch größere Schuhe tragen sollte, denn seine Füße schmerzten gar zu sehr und hatten Blasen und wunde Stellen. Da wurde dem Mädchen ein Traum geschickt. Es sah sich in einem wunderschönen großen Garten, voller Blumen und Früchte. Sogar den Duft der Blumen konnte es im Traum spüren und die Süße der Früchte schmecken. Doch wenn es aufwachte, fand es nur die grauen Schuhe vor seinem Bett, in denen es mühsam seinem Tagwerk nachgehen musste.

Aber der Traum kam wieder und wieder. Eines Nachts dufteten in seinem Traum die Früchte schwer und süß durch den Garten. Und es sah sich tanzen. Wie verwundert war es, sich tanzen zu sehen, denn mit den engen grauen Schuhen hatte es bisher jeden unnötigen Schritt vermieden. Wie hätte es da tanzen können? Als das Mädchen aber im Traum auf seine Füße sah, bemerkte es, dass es wunderschöne rote Schuhe trug, Schuhe aus weichem, glänzenden Stoff. Und wie bequem sie waren! Ja, mit diesen Schuhen konnte es tanzen! Doch auch aus diesem Traum wachte es wieder auf, nur um die grauen Schuhe vor seinem Bett zu finden. Wie sehr sehnte sich das Mädchen nun nach dem Garten und den roten Schuhen. Seine Sehnsucht wurde so übermächtig, dass es an gar nichts anderes mehr denken konnte. Es bat so inständig um andere Schuhe, dass man ihm mit aller Schärfe verbot, jemals wieder so undankbar zu sein und andere Schuhe zu verlangen. Aber die Sehnsucht nagte weiter an dem Mädchen.

Und eines Nachts, gerade um die Zeit, zu der ihm immer der schöne Traum geschickt wurde, war es wach und erhob sich. Es wollte den Garten suchen. Es ließ die grauen Schuhe vor seinem Bett stehen und ging barfuß nach draußen. Die Nacht war mild und sternenklar. Zum ersten Mal seit sehr, sehr langer Zeit fühlte es den Boden unter seinen nackten Füßen. Der Tau tat seinen wunden Füßen gut. Es hatte keine Angst, in die Dunkelheit zu wandern. Es wanderte über Wiesen und Felder bis die Sonne aufging. Da war es müde und legte sich hin zum Schlafen.

Die Sonne ging gerade unter, als es erwachte. Es hatte tief und traumlos geschlafen. Es erhob sich und ging weiter. Die Wiesen und Felder waren zu Ende und das Mädchen musste nun über steinige Wege gehen. Aber der Tau hatte seine Füße geheilt und so konnte es fast ohne Schmerzen über die Steine gehen. Es wanderte über Steine bis die Sonne aufging. Da war es wieder müde und legte sich hin zum Schlafen.

Als es aufwachte, war es Abend und die Sonne ging gerade unter. Fröhlich stand es auf und machte sich wieder auf seinen Weg. Die steinigen Wege waren zu Ende, und nun fing ein dorniger Weg an. Der Tau hatte seine Füße geheilt, die Steine hatten seine Füße hart gemacht, und so konnten die Dornen es kaum noch stechen. Es wanderte die ganze Nacht weiter bis die Sonne aufging und es müde war.

Da sah es von weitem eine Mauer. Viele hohe Bäume standen hinter der Mauer. Das Mädchen ging um die Mauer herum, bis es an ein Tor kam. Da sah es den Garten, den es so oft in seinen Träumen gesehen hatte. Da war das Mädchen gar nicht mehr müde, sondern mit einem Schlag hellwach. Und nun, da es hier stand, war der Garten noch weitaus schöner als in seinen schönsten Träumen. Die Bäume schoben gerade ihre ersten zarten Spitzen aus den Knospen, die Wiese war bedeckt mit Schneeglöckchen, Milchstern und Osterglocken. Und in der Mitte der

Wiese stand ein großer alter Apfelbaum. Das Mädchen legte seine Hand auf die Klinke, da sprang das Tor auf und öffnete sich weit vor ihm. Es ging in den Garten hinein. Da rief es jemand beim Namen. Es wandte sich um und schaute in ein liebes junges Gesicht. Die Frau, die vor dem Mädchen stand, war wunderschön, klein und zart und trug ein grünes, schimmerndes Gewand.

„Ich grüße dich. Es ist schön, dass du endlich hier her gefunden hast. Ich habe dich schon erwartet."

„Wer bist du?" fragte das Mädchen, überrascht, dass jemand seinen Namen kannte und so freundlich aussprach.

„Ich bin die Gärtnerin hier in diesem Garten. Willst du bei mir bleiben und mir helfen?"

„Das will ich lieber als alles andere auf der Welt."

„Gut. Dann können wir gleich morgen beginnen. Heute sollst du dich ausruhen. Komm, lass uns ins Haus gehen. Dort zeige ich dir, wo du wohnen kannst. Aber erst wollen wir etwas essen."

Das Mädchen ging mit der Gärtnerin ins Haus. Wie fein und schön hier alles war. Der

Boden war aus glatt gestampftem Lehm, die Vorhänge, Tischdecken und das Bettzeug waren aus Blüten gewoben, Tische, Stühle und Bänke kamen gerade aus dem Lehmboden gewachsen und hatten Polster aus weichem Moos. Die Gärtnerin hieß das Mädchen Platz nehmen und trug köstliche Speisen auf, wie das Mädchen sie noch nie gegessen hatte. Es waren Salate aus den zartesten Frühlingsblättern. Das Mädchen und die Gärtnerin aßen und tranken fröhlich.

Am nächsten Morgen zeigte die Gärtnerin dem Mädchen all die Arbeiten, die im Frühling zu tun waren. Beete wurden neu angelegt. Die Beete mussten für die Samen vorbereitet werden. Die Samen wurden in die Erde gestreut und begossen. Immer wieder musste dann die Erde vorsichtig gelockert werden, damit der Samen keimen konnte. Das Mädchen und die Gärtnerin arbeiteten emsig viele Tage. Doch sie ruhten sich auch aus, gingen im Garten spazieren und saßen in der Laube. Aber das Allerschönste im Garten war der Apfelbaum in der Mitte der Wiese, dessen Blüten gegen Ende des Frühlings zart, rosig und duftend den ganzen Baum bedeckten, so dass von den Ästen gar nichts mehr zu sehen war. Das Mädchen bemerkte, dass mit der Gärtnerin eine leise Veränderung vor sich ging. Sie schien kräftiger zu werden. Und als das Mädchen nach drei Monaten, die es in dem Garten gearbeitet hatte, morgens erwachte, da begegnete ihm die junge Gärtnerin in einem bunten Gewand, als seien alle Farben des Sommergartens hinein gewoben. Ihre ganze Erscheinung war so kräftig, so üppig, dass das Mädchen wusste: Die Arbeit der letzten drei Monate würde nun im Sommer Früchte tragen.

Und tatsächlich verschwendete sich der Garten in einer Pracht aus Farben, Düften und süßen Früchten, die das Mädchen und die Gärtnerin direkt von den Bäumen und Sträuchern aßen. Wie gut das tat! Zum ersten Mal in seinem Leben durfte das Mädchen von den zarten, weichen Früchten essen, so wie sie reif und prall an den Sträuchern hingen und musste sie nicht alle ausnahmslos trocknen und aufbewahren bis zum Winter, um dann auf harten Schalen herumzukauen. Emsig arbeiteten die beiden, aßen, tranken den Saft der Früchte und ließen es sich gut gehen.

Der Apfelbaum trug kleine feste Äpfel, die nach einem süßen Versprechen dufteten. Aber nach drei Monaten war der Sommer zu Ende.
Das Mädchen hatte in den letzten Wochen wieder eine Veränderung der Gärtnerin wahrgenommen. Sie war größer geworden. Ihr Kleid hatte eine andere Farbe bekommen. Und eines Morgens begegnete dem Mädchen im Garten die Gärtnerin in anderer Gestalt: Sie war groß und schlank, nun auf eine andere Weise wunderschön. Ihr Gewand leuchtete wie die Bäume, die riesigen Fackeln gleich den Garten säumten. Nun ernteten sie die Früchte des Herbstes. Neben den Beeren und Trauben waren es vor allem die Äpfel, die den beiden die letzten warmen Tage versüßten. Jeden Tag taten sie sich an den Äpfeln gütlich, rochen an der roten, glänzenden Schale und betasteten den glatten Apfel, bevor sie vorsichtig hinein bissen, das weiße Fruchtfleisch auf ihren Zungen zergehen und den frischen Saft durch ihre Kehlen rinnen ließen. Die Trauben aßen sie nicht alle, sondern machten Wein in großen Fässern. Und als diese Arbeit getan war, da erschien dem

Mädchen die Gärtnerin mit einemmal wieder kleiner, gebückt und etwas gealtert. Silberfäden durchzogen ihr Haar.
Eines Morgens, als das Mädchen aufstand, fand es die Gärtnerin nicht in der Küche. Auch im Garten war sie nicht zu finden. Dort wehte nun ein schneidender Wind die Blätter von den Bäumen. Der Apfelbaum stand schon kahl und dunkel da, all seiner Pracht und Fülle beraubt. Das Mädchen ging wieder zurück ins Haus. Es fand die Gärtnerin noch schlafend in ihrem Bett. Beinahe hätte es sie nicht erkannt, so sehr war sie nun gealtert. Doch sie war nicht tot, sie schlief nur tief und fest. Ihr Atem ging ganz sachte und regelmäßig. Und weil es gar so kalt war, kuschelte sich das Mädchen an den Leib der Gärtnerin, der warm und weich war. Auch das Mädchen schlief nun ein und träumte, es schlafe tief unter der Erde, der Himmel vor den Fenstern verschwand und Erde, die Wurzeln der Bäume und Blumen, Würmer und Käfer waren vor dem Fenster zu sehen, wo sonst die Wolken und Vögel vorüber gezogen waren.
Und eines Tages erwachte das Mädchen wie-

der. Ein frischer Wind wehte draußen. Es erhob sich und ging ans Fenster, durch das es wieder in den Garten sehen konnte. Der Schnee war fast geschmolzen. Nur hier und dort lagen noch kleine weiße Flecken, die aber von der Sonne bald getrunken wurden. Es duftete nach Frühling und wieder war die Wiese mit Schneeglöckchen, Milchstern und Osterglocken übersät. Mitten im Garten sah es nun die Gärtnerin – aber vier mal, so wie es sie im Frühling gesehen hatte, die Sommergärtnerin war da mit ihrem leuchtenden Gewand, die Herbstgärtnerin und auch die alte Winterfrau. Sie alle tanzten um den Apfelbaum herum, der in der Mitte stand.
Da lief das Mädchen hinab in den Garten und reihte sich ein in den Reigen der Gärtnerinnen. Sie tanzte! Zum ersten Mal in ihrem Leben tanzte sie! Wie wunderschön war es, den Körper zu der leisen Musik zu bewegen, zu drehen und zu wenden. Als sie sich wunderte, dass sie gar keine kalten Füße hatte, schaute sie an sich hinab und sah, dass ihre Füße in leuchtend roten Schuhen steckten. Ja, mit diesen Schuhen konnte sie tanzen.
Die Gärtnerinnen sahen sie freundlich an

und erklärten ihr, dass diese Schuhe ein Geschenk des Apfelbaumes seien. Da zogen sich die Gärtnerinnen zurück und das Mädchen, aus dem eine junge Frau geworden war, tanzte allein weiter unter dem Apfelbaum.

Eines Tages kam ein Prinz an das Gartentor. Er hatte von einer jungen Frau geträumt, die in roten Schuhen um einen Apfelbaum tanzte, und sich aufgemacht, sie zu suchen. Als er zu Hause aufgebrochen war, hatte auch er dort ein Paar grauer Schuhe zurückgelassen. Nach langer Wanderschaft stand er nun am Tor. Er sah die junge Frau in den roten Schuhen tanzen und hörte sie singen. Sie erschien ihm so schön, so lebensfroh und stark. Da verliebte er sich in sie.

Und weil er ein gutes Herz und einen klaren Verstand hatte, drang er nicht ungefragt in den Garten ein. Die junge Frau bemerkte ihn. Obwohl er barfuß war und ganz abgerissene Kleider trug, sah sie sofort, dass hier ein Prinz vor ihr stand. Sie öffnete das Tor für ihn und ließ ihn seine Geschichte erzählen. Und als er geendet hatte, führte sie ihn durch den Garten und lehrte auch ihn die Weisheit

der Gärtnerinnen.
Die beiden blieben ein Jahr, bis auch der Prinz von dem Apfelbaum ein Paar Schuhe geschenkt bekam. Die beiden blieben ein weiteres Jahr, in dem sie gemeinsam in ihren Schuhen um den Apfelbaum tanzten und die süßen Früchte genossen. Und am Ende des dritten Jahres gaben ihnen die Gärtnerinnen ihren Segen. Da zogen die beiden in die Welt hinaus und lebten dort lange und glücklich, denn die Gärtnerinnen hatten ihnen Äpfel aus dem Garten mitgegeben, die niemals zur Neige gingen, so oft sie auch von ihnen aßen.

Christel Gottwals

Die bucklige Tiene

Vor sehr langer Zeit, als die Uhren noch langsamer gingen und der Sommer mindestens zwei Wochen länger dauerte, lebte in einer kleinen Stadt ganz am Rande eines großen Königreiches eine kleine junge Frau, die Tiene hieß. Sie war ein unauffälliges Wesen und zart von Gestalt. Niemand hätte je ein Wort über sie verloren, wäre da nicht der Umstand gewesen, dass Tiene einen Buckel hatte. Eine so junge Frau mit einem Buckel, das konnte nichts Gutes bedeuten. Aber was es bedeutete, wusste niemand zu sagen.

Tiene war ein Findelkind. Als sie noch ganz klein war, hatte der Kaufmann am Ort sie eines Abends bei seinem Rundgang gleich neben seinem Lagerschuppen gefunden, eingewickelt in einem besonderen, feinen Leinentuch, das man in dieser Gegend gar nicht kannte. Der Kaufmann und seine Frau hatten keine Kinder. So kamen sie noch am selben Abend überein, dies kleine Mädchen als ihr eigenes anzunehmen. Sie nannten es Tiene und zogen es auf.

In den ersten Jahren zeigte sich, dass das Kind sehr klug und achtsam war und von hellem Gemüt. Erst an seinem siebenten Geburtstag bemerkten der Kaufmann und seine Frau, dass es anfing, leicht gebeugt zu gehen.

„Geh' aufrecht!" sagte der Kaufmann nun oft zu Tiene. „Du hast keinen Grund, so gebückt zu gehen. Wir sind anständige Leute und haben gutes Auskommen. Uns fehlt es an nichts."

„Mach nicht so einen Buckel!" sagte auch die Frau des Kaufmanns. „Sonst denken die Leute noch, wir würden dich zu schwere Säcke schleppen lassen vom Lager in den Laden."

Tiene hörte diese Worte und wollte sich gewiss daran halten. Der Kaufmann und seine Frau waren gut zu ihr und sie wollte ihnen keine Schande machen.

Alleine alles Bemühen half nichts. Der Buckel wurde immer stärker und stärker. Und obgleich sie groß und erwachsen wurde und eine ansehnliche junge Frau, wirkte sie doch

weiterhin klein und kümmerlich wegen des Buckels.
„Buckeltiene!“ riefen die Kinder ihr nach. „Das geht alles nicht mit rechten Dingen zu“, sagten die Erwachsenen. „Wer weiß schon, was dahinter steckt bei so einem Findelkind.“
Der Kaufmann und seine Frau waren enttäuscht. „Da kümmert man sich schon um ein fremdes Kind und dann wird man noch dafür bestraft“, sagten sie und waren bald nicht mehr so freundlich zu der jungen Frau. Aber einfach wegschicken wollten sie sie auch nicht. Und weil sie keine andere Arbeit fand, ließen sie Tiene nun tatsächlich in ihrem Lager arbeiten, Säcke von Mehl, Linsen und Graupen schleppen, Vorräte und Regale auffüllen, wenn neue Ware kam.
„Wenn wir sie schon durchfüttern und es nicht besser ausgeht, so haben wir wenigstens eine Hilfe“, sagte der Kaufmann.
Tiene arbeitete gerne im Lager, denn da hatte sie ihre Ruhe und musste nicht ertragen, wenn die Leute sie angafften oder gar über sie spotteten. Sie füllte Mehl, Zucker, Linsen und allerhand weitere Waren aus den großen

Säcken in kleinere Tüten und brachte sie erst gegen Abend in den Laden, wenn keine Leute mehr drin waren, die etwas kaufen wollten.
So wäre es wohl jahrein jahraus weitergegangen, wenn nicht eines Abends ein Fremder noch spät in den Laden gekommen wäre. Der Kaufmann und seine Frau waren schon hinauf in die Wohnung gegangen, die über dem Laden lag. Tiene füllte gerade das Regal mit den Äpfeln auf, als sie die Türglocke hörte. Flugs duckte sie sich hinter einem hohen Regal, denn sie wollte nicht gesehen werden.
„Ist noch jemand da?" rief der Fremde mit klarer Stimme. Tiene war so aufgeregt, dass sie leicht gegen das Regal stieß. Gleich rollten ein paar Äpfel herunter und kullerten dem Fremden vor die Füße. Der wunderte sich, ging dann auf das Regal zu, hinter dem Tiene mit klopfendem Herzen stand. Als er sie entdeckt hatte, sprach er sie freundlich an.
„Ich weiß, es ist schon spät, aber ich bin auf der Durchreise und brauche noch einige Vorräte." Tiene blickte ihn unsicher an. Er hatte eine freundliche, warme Stimme. Den Buckel

schien er gar nicht zu bemerken. Warum sollte sie ihm nicht helfen? Schließlich kam sie hinter dem Regal hervor.

„Was wünscht der Herr?“ fragte sie leise.

Nachdem alle Vorräte, die er brauchte, zusammen waren und er sie bezahlt hatte, half sie ihm noch, die Ware zu seinem Pferdewagen zu bringen, der vor dem Laden in der Dämmerung stand. Und trotzdem es beinahe dunkel war, fiel ihr gleich der große Stapel von feinstem Leinen auf, der hinten auf dem Wagen lag. Sie nahm all ihren Mut zusammen und sprach zu dem Fremden: „Ihr habt vom allerfeinsten Leinen in Eurem Wagen. Würdet Ihr mir berichten, woher Ihr es habt und wohin Ihr damit wollt?“

„Aber gerne, junge Frau“, antwortete der Fremde und erzählte, dass er der Sohn eines Leinewebers sei. Von weit her käme er, aus einer Stadt am Rande des großen Gebirges. Dort werde dieses feine Leinen gewebt. Er müsse, wenn genug davon fertig sei, hinaus ins Land und es verkaufen. In früherer Zeit wäre das nicht nötig gewesen, denn ihre Weberei liege gerade gegenüber vom großen Königsschloss. Früher, als noch Leben im

Schloss war, hätte die Königin beinahe alles Leinen gekauft. Nun aber sei sie schon lange nicht mehr dort und das Schloss sei seit Jahren verwaist. So müsse das Leinen im ganzen Land verkauft werden.
Da fasste Tiene Vertrauen in den fremden Leinewebersohn und erzählte ihm, dass sie ein Findelkind sei. Der Kaufmann habe sie vor langer Zeit gleich hier neben dem Lager gefunden, eingewickelt in eben solch ein feines Leinen. Sie wisse nicht, was vorher geschehen sei, wolle es aber von Herzen gerne erfahren. Auch wolle sie gerne wissen, warum sie einen Buckel habe.
„Dann wird es nicht anders gehen, als dass du zurück gehst in die Stadt am Rande des großen Gebirges. Denn solches Leinen gab es zur Zeit deiner Geburt nur dort und sonst nirgends auf der Welt“, antwortete der Leinewebersohn. Und er versprach, auf der Rückreise, wenn alles Leinen verkauft sei, wieder vorbeizukommen. Dann könne Tiene mit ihm auf dem Pferdewagen zur Stadt am Rande des großen Gebirges reisen und dort ihr Glück versuchen.
Tiene erzählte dem Kaufmann und seiner

Frau von dem späten Kunden. Sie sagte aber nichts von dem feinen Leinen, das sie auf seinem Wagen entdeckt hatte. Auch von dem, was sie ausgemacht hatten, sagte sie nichts. Aber von nun an wartete sie und hielt Ausschau nach dem Wagen des Leinewebers.

Je mehr Tage vergingen, um so mehr fürchtete sie, er habe sie vergessen. Am zwölften Tage aber sah sie in der Abendsonne auf einmal den schönen Pferdewagen die Straße heraufkommen. Sie wusste gleich, dass es der Leinewebersohn war. Ihr Herz klopfte laut. Einen kleinen Augenblick nur solle er warten, rief sie ihm zu. Sie hatte sich genau ausgedacht, wie sie es anstellen wollte. Der Kaufmann und seine Frau waren schon hinauf in die Wohnung gegangen. Tiene hatte einen Brief geschrieben, in dem sie sich für alles bedankte, was die beiden für sie getan hatten. Aber nun wäre die Zeit gekommen, wo sie hinaus in die Welt müsse, um ihr Glück zu machen. Den Brief legte sie auf den großen Tisch im Laden und schloss leise die Tür hinter sich. Dann eilte sie in das Warenlager und holte dort eine Tasche mit dem

Nötigsten für die Reise. Die hatte sie schon lange gepackt und hinter den Mehlsäcken versteckt. Der Leinewebersohn half ihr auf den Wagen und schon trabten die Pferde die Straße hinauf und aus der kleinen Stadt hinaus.

Bald kamen sie durch ein Tal mit vielen Bäumen, die schon lange Schatten warfen. Tiene sah, dass ein Bach durch das Tal floss. Sein Wasser glitzerte silbern in der Abendsonne. Sie wickelte sich fester in ihren alten Mantel, denn es wurde kühl. Sie saßen da auf der Bank vom Pferdewagen und sprachen kein Wort. Der Leinewebersohn war müde von der Reise und dem Handel mit dem Leinen. Er hatte alles verkauft und der Wagen war leer. Tiene aber konnte sich gar nicht satt sehen an all den vielen Dingen rundum, denn sie war ja noch nie zuvor aus der kleinen Stadt herausgekommen. Was wohl noch alles passieren würde?

Über die Reise selbst gibt es nicht viel zu erzählen. Der Leinewebersohn war freundlich und teilte sein Essen mit Tiene, gab ihr auch von den warmen Decken, denn an manchen Abenden war es mild und sie konnten drau-

ßen übernachten am Bachlauf unter Bäumen. Bei schlechtem Wetter blieben sie nachts in einem Gasthof.
Nach sieben Tagen und sieben Nächten kamen sie in die Stadt am Rande des großen Gebirges. Efeu rankte sich um die alte steinerne Stadtmauer. Als sie durch das Tor kamen, staunte Tiene, wie schön die Stadt war. Sie sah saubere Straßen, bunte Gärten und Häuser mit schönen Türen. Hoch hinauf konnte sie nicht sehen, weil sie ja einen Buckel hatte. Aber der Leinewebersohn erzählte ihr von Türmchen mit goldenen Dächern. An den Fenstern sah man viele Blumen und in den Winkeln zwischen den Häusern rankten weiße und rote Rosen, die fein dufteten.
Schließlich lenkte der Leinewebersohn den Pferdewagen auf einen großen Platz in der Mitte der Stadt. Links sah Tiene das prächtige Schloss, von dem der Leinewebersohn erzählt hatte. Es hatte goldene Fensterläden. Türme und Zinnen beschrieb ihr der junge Mann, die man gar nicht zählen konnte. Blau, rot und golden seien sie. Das waren die Farben des Königreiches. Aber über dem ganzen Schloss lag ein Schleier aus Staub, so

dass die Farben nicht richtig leuchten konnten. Um das Schloss herum war ein großer Garten mit hohen Bäumen und unzähligen bunten, duftenden Blumen. Rechts von dem großen Platz sah man eine Reihe von stattlichen Häusern, die wohlhabenden Leuten gehören mochten. Eines davon war das Leineweberhaus. Dorthin lenkte der junge Mann nun sein Fuhrwerk. Seine Eltern freuten sich über seine Rückkehr und dass er das ganze Leinen verkauft hatte. Sie staunten nicht schlecht über die junge Frau mit dem Buckel, die ihr Sohn mitgebracht hatte. Das Abendessen wurde gerichtet. Tiene sollte diese Nacht als Gast im Hause bleiben.

„Warum lebt niemand mehr im Schloss drüben?" fragte Tiene beim Essen. „Alle Fensterläden sind geschlossen. Ein grauer Schleier aus Staub liegt über dem Schloss. Der Garten ist verwildert und das Tor von faulem Holz."

Der alte Leineweber erzählte, dass vor langer Zeit ein König mit seiner Königin dort gewohnt habe, dazu viele Menschen, die im Schloss gearbeitet hätten. Ein fröhliches Leben sei dort drüben gewesen. Aber eines Morgens seien alle Bedienstete entlassen worden und niemand wusste, warum. Bald waren der König und die Königin verschwunden und das Schloss verwaist. Manche erzählten, dass ein böser Fluch daran schuld sei, niemand aber wusste Genaueres zu sagen. Wie traurig das doch sei, dachte Tiene, als sie schon im Bett lag. Aber sie war so müde von der langen Reise, dass sie ganz schnell einschlief.

Früh am nächsten Morgen gab es kein Halten mehr. Sie schnürte ihr Bündel, verabschiedete sich und wollte eben zur Tür hinaus, als die Mutter des Leinewebers sie beiseite nahm und sprach: „In einem kleinen Häuschen ganz nahe am Stadttor wohnt die Frau, die vieles weiß und in das Herz von Menschen sehen kann. Vielleicht kann sie dir helfen, zu finden, was du suchst."

„Wie finde ich das Häuschen?" fragte Tiene.

„Oben auf der Spitze des Daches leuchtet ein Stern in rötlichem Gold", antwortete die Frau. Tiene dankte ihr, verabschiedete sich herzlich und ging hinaus auf den großen Platz. Es war ganz früh am Tag. Die Vögel zwitscherten aus dem großen Garten des Königsschlosses gegenüber. Ihre Augen aber suchten den Weg, den sie gestern gekommen waren. Bald sah sie ihn und ging, um das kleine Häuschen zu suchen. Je näher sie aber dem Stadttor kam, desto mehr kleine Häuschen gab es dort.

„Wie soll ich bloß das richtige finden?“ sagte sie zu sich selbst. „Den rötlich goldenen Stern auf dem Dach, den kann ich nicht sehen, weil ich bucklig bin. Meine Augen sehen den Dreck auf der Straße, die Spuren von den Schuhen der Menschen und Rädern der Wagen, Haustüren und niedrige Fenster sehe ich, aber nicht, was weiter oben ist. Linsen und Mehl musste ich aus den Säcken füllen und unten im Lager schlafen. Ich durfte nicht nach oben über den Laden in die schöne Wohnung.“

Diese Gedanken machten sie traurig. Ihr Mut wurde kleiner und kleiner. Bald sehnte sie sich wieder in den Laden und an ihre alte Arbeit zurück. Schon war sie nahe an der alten Stadtmauer. Da sah sie plötzlich vor sich einen großen dunklen Stern mitten auf dem Weg. Tiene sah die Füße von Kindern, die hineinhüpften und heraus aus dem Stern und dabei ein Lied sangen.

„Woher kommt der Stern?“ so fragte sie die Kinder, die dort an der Mauer spielten.
„Das ist doch der Schatten vom Stern dort drüben auf dem Dach!“ So antwortete eines von ihnen.
Als sie merkten, dass Tiene den richtigen Stern nicht sehen konnte, zeigten sie ihr das Häuschen, auf dessen Dach er stand. Vorsichtig klopfte Tiene an die Tür.
„Komm nur herein“, hörte sie eine Stimme von innen rufen. Beherzt öffnete sie die Tür und trat in die kleine Stube. Am Fenster saß eine alte Frau mit schlohweißem Haar. Ihr Kleid war von jenem feinen Leinen gewebt, das Tiene so gut kannte.
„In so einem kleinen armen Häuschen lebt sie und trägt so feines Tuch“, dachte Tiene, sagte aber nichts.
Als ob sie Gedanken erraten könnte, sagte die Frau: „Ja, ja, das ist eine Geschichte, die ein anderes Mal erzählt werden soll. Jetzt aber lass dich ansehen. Bist du es wirklich, auf die wir so lange schon warten?“
Tiene wunderte sich über diese Worte und sagte: „Ich bin die bucklige Tiene aus dem Kaufmannslager von weit her. Und wäre

nicht der Leinewebersohn vorbei gekommen, so wäre ich noch dort und würde Linsen abfüllen, Graupen und Mehl. Weil ich aber ein Findelkind war und der Kaufmann mich eingewickelt fand in feinstes Leinen, bin ich hinausgezogen in die Welt. Wo ich herkomme, möchte ich wissen und was es mit dem Buckel auf sich hat. Du könntest ins Herz sehen, sagen sie. Du könntest mir vielleicht helfen, zu finden, was ich suche."

Die Frau neigte den Kopf zu Seite und sah Tiene lange und unverwandt an. „Es könnte sein, du bist es wirklich", murmelte sie. „Wir werden sehen."

„Wer soll ich denn sonst noch sein als die bucklige Tiene?"

„Die Prinzessin könntest du sein, die Tochter der Königin und des Königs, die vor vielen Jahren im Schloss in der Mitte der Stadt lebten."

Tiene war so überrascht, dass sie kein Wort mehr herausbrachte. Da erzählte ihr die Frau mit dem Kleid aus feinstem Leinen die ganze Geschichte:

„Der König und die Königin hatten viele treue Menschen, die für sie arbeiteten im

Schloss. Sie regierten das Land gut und alles wäre zum Besten gewesen, wäre der König nicht immer eitler und herrschsüchtiger geworden. Immer mehr nörgelte er an allem, was man ihm tat und brachte. Nichts konnte man ihm mehr recht machen. Das Brot des Bäckers war ihm plötzlich zu derb, die Musik der Hofmusikanten wollte ihm nicht mehr gefallen, wie viel Mühe sie sich auch gaben. Selbst das feinste Leinen des Leinewebers gefiel ihm nicht mehr.
Als dann die Königin ein Kind bekam, gefiel ihm selbst das eigene Kind nicht. Ein Junge sollte es sein, aber es war ein Mädchen. Als dann noch eine Fee am Tage der Geburt prophezeite, das Mädchen werde in jungen Jahren einen Buckel bekommen, da war der König außer sich und tobte. Dieses Kind sei eines Königs nicht würdig, schrie er und wollte, dass man es in den Brunnen werfe und ertränke. Als aber die Königin laut zu jammern anfing und das Jammern nicht enden wollte, da befahl der König, das Kind bei Nacht und Nebel außer Landes zu bringen, so weit weg, dass niemand mehr wüsste, woher es käme. Zur Königin sagte er, vielleicht

fände sich ja eine gute Seele, die es zu sich nähme und aufzöge. Die Königin beugte sich dem Willen ihres Mannes, behielt aber ein schweres Herz. Ein wenig eitel war sie ja auch. Die Sache mit dem Buckel gefiel auch ihr nicht so recht. Dabei war es nur eine Herzensprobe gewesen, wie sie Königsleute gelegentlich auferlegt bekommen. Manchmal wird geprüft, ob sie noch würdig sind, Königsleute zu sein. Der Buckel sollte eine Prüfung sein. Wäre das Kind von seinen Eltern weiter von Herzen geliebt worden, so wäre auch der Buckel nach einem Jahr wieder verschwunden.

„Sollte ich wirklich eine Königstochter sein und so harte Eltern haben?" sprach Tiene verwirrt.

„Und wenn es so wäre, dann wollte ich so böse, eitle Menschen gar nicht finden und lieber meinen Buckel behalten so lange ich lebe."

„Du hast ein gutes Herz", entgegnete die Frau. „Und es sind viele Jahre vergangen. Manches Herz braucht Zeit, um gut und weise zu werden. Vielleicht lohnt es sich, sie zu suchen, denn suchen müsstest du sie schon.

Ohne böse Gedanken müsstest du sie suchen und ihnen in deinem Herzen keine Vorhaltungen machen. Wenn dir das gelingt und du sie findest, wird sich zeigen, ob ihre Herzen sich so zum Guten verändert haben, dass ein neues Leben beginnen kann für euch alle."

„Dann will ich's wagen", sagt Tiene, nachdem sie einen Moment überlegt hat. „Was hab ich schon zu verlieren? Linsen abfüllen kann ich immer noch und weiter mit meinem Buckel leben. Aber wie finde ich sie, die mir so getan haben, wie du sagst?"

„Hinter der Stadt beginnt das große Gebirge. Folge nur den Sternen. Sie werden dir den Weg zeigen."

"Wie soll ich die Sterne sehen mit meinem Buckel?" fragte Tiene.

„Du wirst die Sterne sehen", antwortete die Frau und lächelte. „Meinen Stern auf dem Dach, den hast du doch auch gesehen. Geh nun, so lange der Tag noch jung ist. Und nimm das kleine Bündel mit, das dort steht. Mehr kann ich nicht für dich tun."

Tiene nahm das kleine Bündel zu ihrem dazu, bedankte sich und ging hinaus. Die Son-

ne stand schon höher. Durch das Stadttor ging sie und geradewegs den Weg hinauf zum großen Gebirge.
Der Weg wurde mit der Zeit immer schmaler. Rechts und links ragten immer größere Felsen und dazwischen wuchsen dornige Hecken. Als es dunkel wurde, sagte Tiene zu sich: „Ich will einen Platz zum Schlafen suchen. Den Pfad sehe ich nicht mehr, weil es dunkel ist. Die Sterne sehe ich nicht, weil mein Buckel so krumm ist."
Schließlich fand sie einen alten Baum, dessen Zweige weit hinunter hingen bis zur Erde.
„Der Baum wird mich beschützen, bis es Tag ist", dachte Tiene und machte sich darunter ein Lager für die Nacht. Sie setzte sich auf die Decke, die ihr der Leinewebersohn noch mitgegeben hatte. Ihr alter Mantel wärmte sie leidlich, denn nachts wurde es recht kalt im großen Gebirge. Hungrig war sie auch. Darum öffnete sie nun auch das kleine Bündel, das die Frau ihr gegeben hatte. Tatsächlich fand sie darin ein Stück Brot. Als sie davon aß, bemerkte sie, dass es nicht weniger wurde. Dann schlief sie ein, denn es war ein langer und aufregender Tag

gewesen. Mitten in der Nacht aber wachte Tiene plötzlich auf. Ein Käuzchen hatte gerufen und sie geweckt. Sie musste über all das nachdenken, was ihr in den letzten Tagen geschehen war und konnte nicht mehr einschlafen. Als sich ihre Augen an die Dunkelheit gewöhnt hatten, merkte sie, dass sie den Pfad wieder sehen konnte und auch alles andere um sie herum.

„Alles kann ich sehen in der Dunkelheit, die Erde unter mir, die Steine und Büsche. Wahrscheinlich leuchten die Sterne und der Mond über mir", so dachte Tiene und überlegte, ob sie nicht weitergehen sollte, obwohl es noch Nacht war.

„Zuerst will ich noch etwas von dem Brot essen", sagte sie zu sich. „Das macht mich stark für den Weg."

Als sie aber das kleine Bündel öffnete und von dem Brot nahm, bemerkte sie, dass in dem Bündel noch etwas lag. Sie holte es heraus und hielt in ihren Händen einen kleinen, runden Spiegel. Nachdenklich nahm sie ihn von einer Hand in die andere. Da sah sie plötzlich in dem Spiegel die Sterne.

„Du wirst die Sterne sehen", so hatte die

Frau gesagt. Und so war es nun auch. Tiene konnte sich gar nicht satt sehen an den schönen, hellen Sternen und hielt den Spiegel so, dass sie möglichst viele sehen konnte.
Auf einmal machte sie große Augen. Im Spiegel konnte sie einen Stern sehen, der noch anders leuchtete als die übrigen Sterne. Rötlich-golden spiegelte sich sein warmes Licht.
Das machte Tiene neuen Mut. Sie packte ihre Sachen und ging weiter ihren Weg durch die Nacht. In der Hand hielt sie den kleinen Spiegel und achtete darauf, dass sie den rötlich-goldenen Stern sehen konnte. Sie folgte ihm und kam so immer tiefer in das große Gebirge. Im Morgengrauen kam Tiene in eine enge Schlucht. Rechts und links ragten hohe Felsen.
Plötzlich stand Tiene vor einem schweren eisernen Tor, das fest verschlossen war. Wie sollte es jetzt weitergehen? Den Stern konnte sie nicht mehr sehen, denn es wurde hell. Weil sie so müde war von der nächtlichen Wanderung, legte sie sich unter eine Dornenhecke nahe am Tor und schlief sofort ein. So schlief sie den ganzen Tag. Erst als es dunkel

wurde und die Sterne wieder zu leuchten begannen, wachte sie auf. Sie sah in den Spiegel und bemerkte, dass der rötlichgoldene Stern direkt über dem eisernen Tor stand. „Wie soll ich da nur hindurch kommen?“ klagte sie. Da hörte sie ein leichtes Rauschen in der Luft. Eine große alte Eule kam angeflogen, setzte sich zu Tienes Füßen und sprach: „Du willst durch das Tor? Dann musst du reinen Herzens sein und ohne arge Gedanken.“

„Das bin ich doch“, antwortete Tiene.

„Dann wirf dein Brot über das Tor. Da drüben leben zwei alte bucklige Leute in einer armseligen Hütte und fristen ihr Leben. Wurzeln und Beeren reichen nicht zum Leben und wenn du dein Brot nicht hinüberwirfst, dann werden sie bald hungers sterben.“

„Das könnten sie sein, die mir damals so Arges angetan haben“, sagte Tiene. „Im Brunnen wollte mein Vater mich ertränken und meine Mutter ließ es zu, dass ich fremder Leute Kind wurde. Und nun soll ich ihnen mein Brot geben und am Ende noch selbst verhungern?“

„Dein Herz ist nicht frei von argen Gedanken", antwortete die Eule. „Warum bist du dann ausgezogen und bis hierher gekommen?" Da merkte Tiene, dass die Eule Recht hatte und warf das Brot über das eiserne Tor. Aber das Tor öffnete sich nicht.

„Nun musst du auch den Spiegel hinüberwerfen", sagte die Eule. „Die beiden Alten, die da drüben wohnen, haben beide einen Buckel. So viele Jahre haben sie den Mond und die Sterne nicht mehr gesehen."

„Das könnten sie sein, die mir so Arges angetan haben", dachte Tiene und sagte: „Den Spiegel auch noch, in dem ich zum ersten Mal die Sterne gesehen habe und der mir den Weg bis hierher gezeigt hat? Wenn ich den nicht mehr habe, wie soll ich dann den Weg zurück wieder finden?" So sprach Tiene und merkte, dass ihr der Rücken wehtat und das Herz dazu.

„Warum bist du dann ausgezogen und bis hierher gekommen?" sagte abermals die Eule.

Da merkte Tiene, dass die Eule Recht hatte und warf auch den Spiegel über das eiserne Tor. In diesem Augenblick öffnete sich das

Tor. Dahinter erblickte sie die beiden buckligen Alten, die ihr verlegen und unsicher in die Augen sahen. Als Tiene sie erblickte, hatte sie Mitleid mit ihnen, obwohl sie ihr so Arges angetan hatten. Und als sich ihr Herz so rührte, da merkte sie plötzlich, wie es in ihrem Buckel kribbelte, als ob tausend Ameisen darin wären. Immer mehr konnte sie sich aufrichten und der Buckel verschwand. Ebenso erging es den beiden Alten. Ihre Rücken wurden gerade und ihre Gestalt kraftvoll und schön. Sogleich erkannten sie ihre Tochter und es reute sie aus tiefstem Herzen, dass sie so böse an ihr getan hatten. Durch den Mut und das gute und starke Herz von Tiene waren sie gerettet worden von dem Fluch, mitten im großen Gebirge bucklig und qualvoll zu leben.
Tiene war froh, endlich ihre Eltern gefunden zu haben – zu wissen, woher sie kam und was es mit dem Buckel auf sich gehabt hatte. Gemeinsam verließen sie das große Gebirge. Nachts zeigte ihnen der rötlich-goldene Stern den Weg zurück. Den konnten sie ohne Spiegel sehen, denn sie gingen ja nun aufrecht und ihre Augen sahen den Himmel. Als sie

in die Stadt am Rande des großen Gebirges kamen, erkannten die Menschen sogleich, dass die Königin und der König wieder da waren und ihre Herzen freundlich und gut geworden waren. Als sie hörten, dass Tiene ihre Tochter sei und dass diese sie gerettet habe, da freuten sie sich noch mehr und sagten: „Wir wollen ein großes Fest feiern! Nun wird es in Stadt und Land wieder gut zu leben sein." Der graue Schleier, der über dem königlichen Schloss gelegen hatte, verschwand und alle Türme und Zinnen leuchteten in den Farben des Königreiches rot, blau und golden. Das größte Fest wurde gefeiert, das es im ganzen Königreich je gegeben hatte. Alle, die früher im Schloss gearbeitet hatten, wurden wieder eingestellt. Der Bäcker buk das beste Brot. Die Hofmusikanten spielten die schönste Musik. Tiene bekam ein neues Kleid aus feinstem Leinen. Der Leinewebersohn aber wurde ihr bester Freund. Und manchmal, wenn sie im königlichen Garten saßen, erzählten sie von dem Abend, als er in den kleinen Laden gekommen war und ihm die Äpfel vor die Füße gerollt waren.

Anja Zimmer

Die Prinzessin im Turm

Es war einmal vor langer, langer Zeit, als das Wünschen noch geholfen hat und man Karten für die Wise Guys noch an der Abendkasse kaufen konnte, da lebte eine Prinzessin in einem Turm. Dieser Turm stand ganz abgeschieden in der Wildnis. Aber die Prinzessin hatte keine Angst dort mitten im Wald zu sein, denn ein feuerspeiender Drache war bei ihr. Die beiden verstanden sich prächtig. Der Drache ging neben der Prinzessin her, wenn sie im Wald spazieren ging und Blumen pflückte. Im Herbst suchten die beiden auch Pilze, die der Drache direkt vor Ort anrösten konnte und das schmeckte ganz köstlich. Die Prinzessin hieß Franziska-Penelope-Amalia. Bei adligen Fräulein ist das so. Das war dem Drachen aber viel zu lang und er nannte sie einfach und sehr liebevoll Fränzchen. Er war ein bür-

gerlicher Drache und hieß Gustav.
Die beiden lebten zufrieden miteinander, erzählten sich abends am Kamin Geschichten, Gustav sang auch sehr schön Tenor und zupfte mit seinen Krallen gar lieblich die Harfe. Manchmal kamen Ritter und Helden in die Wildnis, die es sich in ihren eisenbewehrten Kopf gesetzt hatten, Gustav mit dem Schwert zu erschlagen, das Fränzchen aus dem Turm zu holen, um es vor einen Traualtar zu zerren, aber die hatten ihre Rechnung ohne Franziska-Penelope-Amalia gemacht. Denn sie pflegte solche Herren mit einem Donnerwetter zu empfangen, dass diese nicht mehr wussten, wer denn schrecklicher war: die Prinzessin oder der Drache. Und wenn die Helden dann dastanden wie begossene Pudel, nachdem Fränzchen mit dem Donnerwettern fertig war, hatte sich Gustav schon von hinten herangeschlichen und musste sie nur noch mit einem sanfte Buh! anpusten, dann nahmen sie Reißaus.
Aber eines Tages kam ein Ritter namens Kunibert (allein über den Namen lachten sich Gustav und Fränzchen später schickerig). Dieser Kunibert war furchtbar hartnäckig.

Gustav und Fränzchen saßen gerade draußen in ihrem kleinen Garten, den sie so liebevoll angelegt hatten. Gustav kernte Kirschen für Kompott und Fränzchen nähte neue Kissen für die Gartenmöbel, als Kunibert in ihre Idylle platzte, sein Schwert zog, Fränzchen anschrie, nur ja keine Angst zu haben und mit seinem Schwert auf Gustav eindrosch, den aber sein Schuppenpanzer vor ernsthaften Verletzungen bewahrte. Gustav war so überrascht, dass er sich über und über mit Kirschsaft bekleckerte und einige Spritzer auch Fränzchens Kleid und die neuen Polster verunstalteten. Es war Fränzchens Lieblingskleid. Sie hatte wirklich sehr lange daran gearbeitet. Und jeder weiß ja, dass Flecken von Kirschsaft nur mit der Schere wieder rausgehen. Also fiel ihr Donnerwetter diesmal ganz fürchterlich aus. Und weil Gustav durch seinen Schreck die Schüssel mit den fertig gekernten Kirschen hatte fallen lassen und sie allesamt auf dem Boden lagen, begnügte er sich diesmal nicht mit einem sanften Buh!, sondern versengte ganz ordentlich den ungepanzerten Hosenboden des Ritters. Während der selbsternannte Prinzessinnenretter auf

seinen Gaul sprang und ihm die Sporen gab, versicherte er Fränzchen noch, er werde ganz bald wiederkommen und sie befreien. Da warf sie ihm alles hinterher, was ihr gerade in die Finger kam.
Gustav und Fränzchen machten sich ans Aufräumen. Fränzchen versuchte die Kirschflecken aus ihrem Kleid und den neuen Polstern zu waschen, so gut es eben ging und Gustav sammelte gewissenhaft alle Kirschen wieder ein und spülte sie nur ganz kurz mit Wasser ab, damit nicht alle Vitamine verloren gingen.
Nach diesem Schrecken kochten die beiden erst mal Kirschkompott und buken dazu Pfannkuchen. Sie hatten einen ganzen Berg Pfannkuchen gebacken, den sie gar nicht schafften. Aber das war ein Glück, denn schon kam dieser Kunibert wieder. Diesmal hatte er eine Lanze mitgebracht und brüllte schon von weitem, dass das Fränzchen nun gar keine Angst mehr haben müsse, weil er es gleich befreien werde. Gustav legte ein paar der Pfannkuchen auf einem Kuchengitter aus und blies noch mal kräftig darüber, bis sie ganz schwarz und bretthart waren.

Dann nahmen Gustav und Fränzchen die Pfannkuchen und schleuderten sie wie fliegende Untertassen dem Ritter entgegen. (Das machte den beiden solchen Spaß, dass sie einen der verbrannten Pfannkuchen aufhoben und sich später im Garten zuwarfen und so die Frisbee-Scheibe erfanden.)
Ein Pfannkuchen traf den Helden hart am Helm, so dass dieser ihm vom Kopf flog. Ein zweiter Pfannkuchen erstickte dann seinen Schlachtruf, der aus seinem ungeschützten Mund tönte. Fränzchen und Gustav wieherten vor Lachen, als der edle Ritter vom Pferd fiel, dabei seine Lanze zerbrach und eine ganz unrühmliche Figur machte. Selbst dem Gaul schien der Auftritt seines Herrn sehr peinlich zu sein, denn er stand da, schaute in eine ganz andere Richtung, malte mit einem Vorderhuf Figuren auf den Boden und tat so, als ginge ihn das alles gar nichts an. Da wurde der Ritter Kunibert wütend und wollte seinen Zorn an dem armen Gaul auslassen, der nun wirklich nix dafür konnte, dass sein Herr ein ausgemachter Trottel war. Der Held versuchte, sich vom Boden zu erheben und wollte mit energischer, gepanzerter Faust

den Zügel greifen, der vom Hals des Gauls baumelte. Doch der Gaul hatte auch seinen Stolz. Er trat einen Schritt zur Seite, der Ritter fasste ins Leere und fiel flach auf den Bauch. Fränzchen und Gustav, die von dem Turmfenster aus natürlich die beste Aussicht auf das Geschehen genossen, konnten vor Lachen nur noch japsen. Die panische Flucht des Ritters entging ihnen, denn sie waren rückwärts auf den Fußboden ihrer Küche gefallen und hielten sich die Bäuche.

Eigentlich waren sie sich ziemlich sicher, dass Kunibert es nun kapiert haben müsste. Aber wenn einer schon Kunibert heißt, dann kann man wohl kaum von ihm erwarten, dass er irgendwas kapiert. Oder?

Kurz darauf kam Kunibert mit einem ganzen Heer wieder. Da verging dem Fränzchen und Gustav das Lachen schlagartig Denn das Heer hatte Wurfgeschosse dabei. Und zwar so viele, dass Gustav die Geschosse unmöglich alle auffangen konnte. Die ersten fing er und warf sie zurück ins Heer. Er kletterte auf das Küchenfensterbrett und flog von dort aus los, um das Heer zu versengen.

Fränzchen beobachtete Gustavs Flug mit Sorge. Das Heer war so unglaublich groß und wenn Gustav auf einer Seite Feuer spie, dann wurde er von der anderen Seite beschossen. Blitzschnell drehte er sich dann um und versengte die Soldaten, die es gewagt hatten, seinen Allerwertesten mit einem Wurfgeschoss zu bombardieren. Flink wie ein Wiesel bewegte er sich in der Luft und hatte fast das ganze Heer zersprengt, da sah er, dass Kunibert in den Turm eingedrungen war und sich das Fränzchen trotz energischster Gegenwehr über die Schulter warf und davon ritt. Gustav war so erschrocken, dass er für einen Moment unaufmerksam war. Er war so erschrocken und unaufmerksam, dass er sogar vergaß, seine Flügel zu bewegen und wie ein nasser Sack zur Erde plumpste. Er drückte einige Soldaten unter sich platt, aber leider waren noch genügend übrig, um ihn zu fesseln und mit einem giftigen Zeug zu betäuben. Mit erhobener Zeigekralle wollte er die Soldaten noch darauf aufmerksam machen, dass sie damit gegen die Genfer Konventionen verstießen, doch hatten diese Burschen keine Ahnung, was Konventionen überhaupt waren; und wo Genf lag, war ih-

nen sowieso völlig unbekannt.
Gustav wurde also betäubt und auf einen großen Karren geladen. Das siegreiche Heer zog seinem Ritter hinterher, über dessen Schulter noch immer unser Fränzchen lag und stinksauer war, wie wir uns denken können. Außerdem wurde ihr ziemlich übel. Wenn man sich den Bauch mit Pfannkuchen und Kirschkompott vollgeschlagen hat, ist es gar nicht gesund, wenn man von jemandem so mir nichts dir nichts über die Schulter geworfen und dann auch noch auf einem Pferderücken durchgeschüttelt wird. Dem Fränzchen wurde ganz schrecklich übel, schaffte es aber, Kirschkompott und Pfannekuchen sauber in der Rüstung des Ritters unterzubringen, wofür vor allem der Gaul dankbar war.
Zum Glück konnte Kunibert das breite Grinsen des Pferdegebisses nicht sehen. Er wunderte sich nur, warum ihm plötzlich so angenehm warm in seiner Rüstung war und warum sein Gaul mit Prusten und Wiehern gar nicht mehr aufhören wollte.
Als er zuhause ankam, setzte er Fränzchen erst mal ab und ging, um seine Rüstung abzulegen. Er hatte Fränzchen versprochen,

sofort wieder bei ihr zu sein, doch aus begreiflichen Gründen blieb er etwas länger im Badezimmer. Währenddessen trudelten auch die Reste seines Heeres mit ihrem Gefangenen ein. Fränzchen brach in Tränen aus, als sie Gustav betäubt und gefesselt auf dem Wagen liegen sah. Sie schlang ihre Prinzessinnenarme um seinen Drachenhals und weinte heiße Tränen, doch Gustav schlief tief und fest. Sie rüttelte ihn und rief immer wieder seinen Namen, doch Gustav schlief und schnarchte. Fränzchen weinte und weinte. Kuniberts Gaul sah Fränzchen beim Weinen zu und musste selber mitweinen, so sehr rührte es ihn, das Fränzchen so herzzerreißend jammern zu sehen.

Kunibert kam aus dem Badezimmer und sah Fränzchen im Hof weinen. Er dachte, es seien Freudentränen über ihre Rettung und wollte sie in die Arme schließen, was sich Fränzchen aber mit einem gezielten Tritt energisch verbat. Schon wollte er sie sich wieder kurzerhand über die Schulter werfen, doch da zögerte er, fasste sich in seinen frisch gewaschenen Nacken und winkte einem seiner Stallknechte, der das Fränzchen

in die Burg bringen sollte, egal auf welchem Wege. Der Knecht überredete das Fränzchen mit netten Worten, doch mit ihm in die Burg zu kommen und versprach, dass er sich um Gustav kümmern und ihr Bescheid geben werde, sobald er wieder wach sei.
Da ging Fränzchen mit in die Burg, wo Kunibert bereits am Tisch saß und sich kalten Braten schmecken ließ. Er lud Fränzchen ein, Platz zu nehmen und zuzugreifen, aber sie wollte nicht und erklärte, dass sie nur Sachen esse, die Gustav mit seinem Feuer geröstet habe. Da war nun guter Rat teuer für den Ritter Kunibert. Also sperrte er das Fränzchen erst mal in einen Turm, um in Ruhe nachdenken zu können und mit den Hochzeitsvorbereitungen zu beginnen. Natürlich musste der Hochzeitswein probiert werden. Das taten Kunibert und alle seine Getreuen und Soldaten ausgiebig. Das heißt, Kunibert und seine Getreuen probierten den Wein und die Soldaten probierten das Bier. Aber alle taten das mit solcher Gewissenhaftigkeit, dass sie bald sternhagelvoll in den Ecken lagen und schnarchten, ganz egal ob sie nun Wein oder Bier getrunken hatten.

Fränzchen begriff nun gar nicht mehr, warum Kunibert sie aus ihrem schönen Turm im Wald geholt hatte. Saß sie doch schon wieder in einem Turm und aus diesem konnte sie nicht mal raus, denn Kunibert hatte die Tür abgeschlossen. Aber immerhin konnte sie von ihrem Turmfenster aus in den Schlosshof schauen, wo Gustav noch immer schnarchte. Es wurde Nacht. Der Gaul beobachtete Fränzchen, das am Turmfester stand und noch immer weinte und schniefte.
Aber irgendwann war das Fränzchen damit fertig und verschwand vom Fenster. Enttäuscht ließ der Gaul die Ohren hängen. Wahrscheinlich dachte er, Fränzchen habe sich nun quer aufs Bett geworfen, um sich ganz hemmungslos dem Schmerz hinzugeben. Man weiß ja, wie diese Prinzessinnen so sind! Aber da kannte er Franziska-Penelope-Amalia schlecht. Denn selbst Prinzessinnen lesen Romane, in denen es von Piraten und Abenteurern nur so wimmelt.
Deshalb führte sie nun das Bettlaken des ungeliebten Mannes seiner eigentlichen Bestimmung zu: Sie zerriss es in lange Streifen, knotete diese Streifen aneinander und seilte sich

so aus dem Turmfester ab. Das gelang ihr auch ganz prächtig und der Gaul ließ seine Ohren nun gar nicht mehr hängen, sondern schlackerte mit ihnen.
Im Schlosshof angekommen, rannte Fränzchen zu Gustav, rüttelte ihn und schüttelte ihn, als das nichts half, rief sie ihn immer lauter beim Namen und brüllte ihm schließlich in die Ohren. Als das immer noch nichts half, nahm sie sich ihre spitze Krone vom Kopf (jeder weiß ja, wie spitz Prinzessinnenkrönchen sind) und stach damit heftig in Gustavs Hinterteil, das von den Wurfgeschossen der Soldaten ohnehin blessiert war. Da schreckte Gustav auf und zerriss dabei alle seine Fesseln. Fränzchen schaute einen Moment ganz anerkennend die Krone in ihrer Hand an, bevor sie sie sich wieder auf ihr Haupt setzte. Wozu dieser nervige Plunder doch alles gut sein konnte!
Gerade wollten sich die beiden aus dem Staub machen, da hörten sie jemanden rufen: „He, nehmt mich mit! Ich bitte euch!“ Sie schauten sich um. Es war der Gaul des Prinzen, der an seiner Stalltür rüttelte und flehend zu ihnen herüber sah. Fränzchen und

Gustav sahen einander an.
„Den armen Kerl können wir unmöglich hier lassen!“
Fränzchen lief und öffnete die Stalltür.
„Danke, das ist wirklich sehr freundlich von euch.“ Der Gaul, der sich mit dem Namen Herbert vorstellte, nahm mit Fränzchen auf Gustavs Rücken Platz.
„Meine Güte, bin ich froh, hier wegzukommen! Der Typ war doch echt peinlich, oder?“
Fränzchen und Gustav konnten ihm nur beipflichten.
„Und wo willst du jetzt hin?“ fragte Fränzchen.
„Ich hab von einer wilden Pferdeherde gehört, die lebt ganz weit von hier im Süden. Die Gegend heißt Camargue und ist im Süden von Frankreich. Könnt ihr mich dorthin bringen?“ Von der wilden Pferdeherde hatte Herbert in einem der Hochglanz-Herrenmagazine gelesen, die Kunibert sich von dem reitenden Boten monatlich bringen ließ.
„Klar! Im Süden sagst du? Das klingt nach Wärme und Urlaub, und den haben wir uns nach dieser Aufregung redlich verdient.“

Christel Gottwals

Hans, der Schuster

An seinem dreißigsten Geburtstag schloss Hans schon am Mittag seine Schusterwerkstatt ab. Er stieg die alte Treppe hinauf in seine kleine Wohnung und wusch sich die Hände über einem steinernen Becken. Dann griff er nach seinem Rucksack, der schon gepackt hinter der Tür stand, zog seine alte grüne Jacke über und ging aus dem Haus.

Zügigen Schrittes lief er über den kleinen Kiesweg und dann links die schmale Straße hinunter, die aus der kleinen Stadt hinaus führte.

Schon als Junge hatte es ihn gefreut, so nahe am Wald zu wohnen. Nach den letzten Häusern bog wiederum links ein Feldweg ab. Der führte einen kleinen Wiesenhügel hinauf und schon bald in den Wald hinein. Hans, der Schuster, liebte den Wald und fühlte sich darin zuhause. Alle Tiere, die dort wohnten, waren ihm vertraut. Er kannte die Namen

aller Bäume und Büsche und wusste auch, welche Pflanzen auf dem Waldboden wuchsen.
Früher, als seine Eltern noch lebten, hatten sie immer gesagt: „Aus dem Jungen wird wohl einmal ein Jäger werden."
Aber Hans wurde kein Jäger. Er wurde ein Schuhmacher, wie sein Vater und übernahm die kleine Werkstatt im Untergeschoss und war damit zufrieden. Er liebte den Geruch des frischen Leders und es gefiel ihm, Schuhe zu reparieren oder auch ganz neue anzufertigen.
Sein Handwerk verstand er gut, hatte auch Fingerspitzengefühl und eine gute Menschenkenntnis. Wenn der Bürgermeister der kleinen Stadt neue Schuhe brauchte, so war das eine bedeutsame Aufgabe, denn die Schuhe sollten nicht zu derb sein, aber auch nicht zu fein, denn der Bürgermeister war von eher feiner Gestalt, aber doch ein Mann, der bodenständig dachte und handelte.
Der Bauer hingegen brauchte festes Schuhwerk mit dicken Sohlen, die ihm in Stall und Feld gute Dienste leisteten.
Die Hochzeitsschuhe der Kaufmannstochter

mussten von zarter Gestalt sein, weiß mit goldenen Fäden durchwirkt. Leicht und anmutig mussten sie wirken beim Hochzeitstanz. So geschickt hatte Hans sie gearbeitet, dass niemand bemerkte, wie groß und kräftig die Füße der Kaufmannstochter doch eigentlich waren.

Hans machte seine Arbeit sehr gut. Die Menschen kamen gerne zu ihm, weil er Armen wie Reichen mit Achtung begegnete und den alten Schuh des Lumpensammlers mit der gleichen Sorgfalt reparierte wie er die Hochzeitsschuhe der Kaufmannstochter gearbeitet hatte.

Jeden Tag kamen Leute in seine Werkstatt, die ihm Neues berichteten, Trauriges und Frohes erzählten und alles dazwischen.

Er stand gerne früh auf und begann schon beizeiten mit der Arbeit. Deshalb konnte er auch am Nachmittag oder frühen Abend die Werkstatt abschließen und andere Dinge tun, die ihm Freude machten.

Jetzt aber hatte es gerade von der nahen Turmuhr zwölf geschlagen, als er in der Mittagssonne dieses ersten Junitages den Wald erreichte. Hier blieb er kurz stehen, blickte zurück auf den abfallenden kleinen Hügel, die Obstbäume am Ortsrand und die Dächer der kleinen Stadt. Dann wanderte er entschlossen in den Wald hinein. Hier war es frischer und kühler. Auf dem Waldboden wuchsen noch Pflanzen in hellem Grün. Das Laub der Bäume war frisch und weich, denn in diesem Jahr hatte der Frühling auf sich warten lassen. Der erste Juni, sein Geburtstag, erschien ihm fast wie ein verspäteter Frühlingstag. Tief atmete er die Waldluft ein. Er spürte den Rucksack auf seinem Rücken und den weichen Waldboden unter seinen Füßen. Leise summte er vor sich hin, blickte ab und zu auf zu den Vögeln, die aufflogen, wenn er näher kam und sah, wie die Sonne da und dort durch die Baumwipfel blinkte.

In den letzten Tagen war sein Herz etwas schwerer geworden als sonst. Das merkte er jetzt wieder, als er so im Wald vor sich hin ging. Bisher hatte er sich immer gefreut, wenn Menschen in die Werkstatt kamen. Aber in den letzten Tagen hatten Leute Worte zu ihm gesagt, die ihn unruhig gemacht hatten. Gestern am Abend hatte er deswegen

sogar Kopfschmerzen bekommen.
Der Kaufmann, dem Hans gerade neue Reiseschuhe gemacht hatte, der hatte zu ihm gesagt: „Hans, komm doch mit mir in die große Stadt. Da gibt es einen Geschäftsmann, der einen guten Schuster wie dich sucht. Ich habe ihm die Hochzeitsschuhe gezeigt, die du für meine Tochter gemacht hast. Die haben ihm so gut gefallen, dass er gleich gefragt hat, ob du nicht für ihn arbeiten willst. Du musst dann nur noch Hochzeitsschuhe machen. Für die anderen Schuhe hat er andere Schuhmacher. Du bekommst dafür viel mehr Geld als jetzt, kannst dir ein schönes großes Haus kaufen in der großen Stadt und hättest ein buntes Leben. Bestimmt würdest du auch bald eine schöne junge Frau finden und selber Hochzeit feiern."
Hans hatte überlegt. Nur noch Hochzeitsschuhe wollte er gar nicht machen. Es gefiel ihm, dass er mal grobe und mal feine, mal ganz einfache und dann wieder ganz besondere Schuhe machen konnte. Es gefiel ihm auch, Schuhe zu reparieren und er freute sich, wenn jemand kam und erzählte, wie lange sie schon gehalten hatten, dass nur der

Absatz etwas abgelaufen sei auf der Außenseite. Das war schnell wieder in Ordnung gebracht.
In der kleinen Stadt war er der einzige Schuster und jeder kannte ihn. Er hatte Freunde hier. Wenn er in den Goldenen Krug ging, die alte Wirtschaft mitten in der Stadt, winkten sie schon und riefen, er möge sich zu ihnen setzen. Die junge Wirtin im Goldenen Krug wusste, welchen Wein er am liebsten trank und sah ihm schon beim Hereinkommen an, ob er heute Abend lieber ein Bier haben mochte und noch ein Wurstbrot dazu. Ohne viele Worte stellte sie ihm das, was ihm gut tat, an seinen Platz. In der großen Stadt wäre er einer unter vielen. Und schließlich, was sollte er mit einem großen Haus? Das kleine war ihm gerade gut genug. Hochzeit feiern, damit hatte es keine Eile. Wenn es Zeit wäre, würde sich die Richtige schon finden.
Eigentlich war Hans meist fröhlich, wenn er durch den Wald ging. Jetzt aber wurden seine Schritte schwer.
Die Witwe des Richters hatte vorgestern ihre feinen Pantoffel abgeholt und ihm dabei oh-

ne Umschweife angetragen, ob er nicht seine Werkstatt schließen und zu ihr ins große Richterhaus ziehen wolle. So müsste er sich nicht mehr die Finger schmutzig machen und könnte immer feine Kleider tragen. Und wenn er gar mit ihr verheiratet wäre, würden sie schöne Reisen machen und in der feinsten Gesellschaft verkehren.
Aber Hans wollte gar nicht ins große Richterhaus ziehen. Seine Kleidung war schlicht, aber ihm war sie recht, und dass seine Finger von der Arbeit schmutzig wurden, hatte ihn noch nie gestört. Wofür gab es Wasser und Seife? Im Gegenteil. Ihm gefiel es, am Abend die Schusterschürze an den Haken neben der Werkstatttür zu hängen, die Treppe hoch zu steigen und sich die Hände gründlich über dem alten steinernen Becken in der Küche zu waschen. Die Gesellschaft der Menschen, die um ihn waren, war ihm recht und er wünschte sich keine andere.
Es kam noch der ein oder andere mit einer Idee, was er jetzt anderes tun könne, wo er doch dreißig wurde.
Hans verstand nicht, warum das plötzlich so war, wo sie ihn doch all die Jahre mit solchen

Ansinnen in Ruhe gelassen hatten. Darüber grübelte er nun immer mehr, lief weiter und weiter mit schweren Schritten durch den Wald und merkte bald gar nicht mehr, wie schön es dort war.
Schließlich kam er an einen Holzstoß, setzte sich, packte aus seinem Rucksack die Brote, die er sich am Abend zuvor schon gemacht hatte und die Wasserflasche, aß und trank und wollte die trüben Gedanken vergessen. Aber das war schwerer als er dachte. Ohne dass er es wollte, gingen sie einfach weiter in seinem Kopf herum.
Ob viele denken, wenn man dreißig wird, muss man etwas ändern, mehr aus sich machen? Muss ich vielleicht wirklich mehr Geld verdienen? Wer weiß, welche Zeiten noch kommen? Ein größeres Haus wäre ja so verkehrt auch wieder nicht. Sollte ich eines Tages Kinder haben – oder sollte es Freunden schlecht gehen und sie ein Obdach brauchen, dann wäre mehr Platz doch gut. Die Witwe des Richters ist eine freundliche Frau, zwar etwas älter als ich, aber was macht das schon. Sich ein wenig in der feinen Gesellschaft zu bewegen, kann ja ganz einträglich

sein. Da gibt es sicher viele, die bei mir Schuhe bestellen würden... Doch nein, ich soll dann ja gar nicht mehr als Schuhmacher arbeiten... Schöne Reisen... Ja, warum nicht. So viele Länder habe ich noch nie gesehen.

Hans war immer so gerne im Wald gewesen. Aber nun konnte er sich gar nicht so recht freuen, denn diese Gedanken machten ihn traurig und müde. Schließlich streckte er sich neben dem Holzstoß ins Gras, legte den Rucksack unter seinen Kopf und schlief ein.

Im Traum aber hörte er plötzlich eine helle Melodie über sich vom Himmel herab klingen. Nun sah er aus dichtem Baumgeäst einen kleinen Vogel zu sich herfliegen. Der war wunderbar anzusehen, denn er hatte ein silbrig-blaues Gefieder, das hell in der Sonne glitzerte. Hans kannte viele Vögel im Wald, aber diesen hatte er noch niemals gesehen. Der Vogel setzte sich ihm gegenüber auf einen großen Stein und sang weiter sein schönes Lied. Hans lauschte dieser sonderbaren himmlischen Melodie. Als der Vogel sein Lied beendet hatte, seufzte Hans laut auf. Und er traute seinen Ohren kaum, als der Vogel plötzlich zu ihm sprach: „Warum ist dein Herz so schwer, dass du so tief seufzen musst?"

„Ach", antwortete Hans, „es ist, weil auf einmal Leute zu mir sagen, was ich tun könnte und was für mich gut wäre im weiteren Leben. Und das alles nur, weil ich heute Geburtstag habe und dreißig Jahre alt werde."

Dann erzählte er dem Vogel von der großen Stadt, in der er nur noch Hochzeitsschuhe machen sollte, von der Witwe des Richters, von großen Häusern, Reisen, hohem Ansehen und allem, was man ihm angetragen hatte.

„Du hast es besser", endete er und blickte den blauen, glänzenden Vogel mit traurigen Augen an. „Du fliegst durch den Wald, singst dein eigen Lied und damit ist es genug."

„Du hast es ebenso gut", antwortete der Vogel.

„Das kann ich nicht glauben", sagte Hans und schaute fragend in die kleinen schwarzblauen Augen des Vogels.

„Und doch ist es so", antwortete der Vogel mit ruhiger, freundlicher Stimme.

Als Hans darauf nichts mehr sagte, fuhr der

Vogel fort zu sprechen. „Weil du den Wald so liebst und alle Pflanzen und Tiere darin, wollen wir dir heute, an deinem Geburtstag, ein Geschenk machen. Wenn du heute Abend aus dem Wald herauskommst, soll dein Herz wieder leicht und froh sein. Das ist unser Geschenk. Und damit es wieder leicht und froh wird, will ich dir heute ein Geheimnis verraten, das alle Tiere und Pflanzen des Waldes kennen, aber viele Menschen nicht. Das Geheimnis ist: Jedes Lebewesen auf dieser Welt hat ein ganz eigenes Lied, eine eigene Melodie tief in sich drin. Die spricht, singt oder summt in einem, wenn man mit sich in gutem Einvernehmen ist, wenn man das, was man tut, gerne tut, wenn man die Menschen, die um einen sind, gerne um sich hat, und zufrieden ist mit dem Leben, wie es gerade ist. Und auch, wenn dieses Lied manchmal nicht so laut ist, wenn du es kaum oder gar nicht in dir hörst, dann spürst du doch, dass es da ist, irgendwo tief in dir drin. Und das ist genug. Wenn es aber geschieht, dass du dieses Lied lange Zeit nicht hörst und auch nicht mehr in dir spürst, dann ist irgend etwas geschehen, was nicht gut für

dich ist. Dann lebst du etwas, was nicht dein Leben, deine ureigene Bestimmung ist."
Hans hatte ganz genau zugehört.
„Wenn ich also dieses mein Lied in mir höre oder bemerke", sagte er, „dann weiß ich wieder, ob es gut für mich ist, was ich gerade tue, wo ich gerade bin und mit wem?"
„So ist es", entgegnete der Vogel. Eine Weile war es ganz still. Selbst die anderen Vögel im Wald schienen zu schweigen, weil sie wollten, dass Hans verstand und wieder froh wurde.
„In der letzten Zeit..." begann Hans, „da haben so viele zu mir gesprochen, mir erzählt, was ich tun soll, was besser für mich wäre..."
„Dein Lied musst du hören, Hans, unter all den Stimmen dein Lied – und wenn sie so reden, dass du es nicht mehr hörst, dann schicke sie weg oder geh selber hinaus, geh in den Wald, laufe durchs Feld oder spring in den See und schwimme. Tu das so lange, bis du dein Lied ganz innen wieder hörst oder zumindest bemerkst, dass es da ist."
„Ja", sagte Hans, „aber wenn ich Tag um Tag mein inneres Lied nicht höre, kann es dann nicht sein, dass ich doch einen falschen Weg

gehe?“
„Du wirst es immer besser hören“, antwortete der Vogel und bewegte leicht sein silbrigblaues Gefieder. „Ich werde dir helfen. Wir Vögel sind kleine Geschöpfe und können nicht viel. Ihr Menschen seid um so vieles klüger und könnt so viel tun auf dieser Welt. Und doch sind wir Euch in einem voraus: In uns ist immer unser eigenes Lied. Wir können es nie verlieren, denn wir sind so voll davon, dass wir es jeden Tag singen. In unserem Inneren ist jeder von uns vor allem ein Lied, eine eigene Melodie mit ein wenig Gestalt und Gefieder drum herum. Eigentlich ist es nur dieses eine, was wir tun auf dieser Welt – unser eigenes Lied singen. Dazu sind wir da. Und manchmal können wir helfen, dass Menschen es uns gleich tun.“
Nachdem der kleine Vogel so zu Hans gesprochen hatte, hob er seine Flügel an, streckte sich und flatterte mit schnellem Flügelschlag. Seine kleinen Füße berührten schon kaum mehr den Stein, auf dem er gerade noch still gesessen hatte.
„So warte doch!“ rief Hans.
Aber der kleine Vogel flog auf, stieg hoch zu

den Baumwipfeln, sang dabei sein wunderschönes, helles Lied und verschwand schließlich zwischen grünem Blattwerk und dem Blau des Himmels.
Hans erwachte aus seinem Schlaf, setzte sich auf, rieb sich die Augen und blickte sich um. Dort, nur einen Steinwurf entfernt, lag der große Stein, auf dem der sonderbare Vogel in seinem Traum gerade gesessen hatte. Aber jetzt war dort nur der Stein zu sehen und sonst nichts.
Hans nahm seinen Rucksack auf und trat den Rückweg an. Er musste lange geschlafen haben, denn er merkte, dass es Abend geworden war. Die Vögel des Waldes sangen die Lieder, die sie am Abend singen, der Geruch des Waldes war ein Abendgeruch. Etwas weiter weg im Gebüsch die Umrisse von zwei Rehen. Als sie seine Schritte hörten, liefen sie schnell davon. Obwohl der Rückweg recht lange war, merkte Hans es kaum. Seine Gedanken waren ganz bei dem kleinen silberblauen Vogel und seinem himmlischen, hellen Lied.
Als er endlich aus dem Wald trat, war es beinahe dunkel. Er ging den Hügel hinab und

kam auf die schmale Straße, die in die kleine Stadt führte. Schon bald stand er wieder vor seinem Haus. Er staunte nicht schlecht, als er sah, dass im Haus Licht brannte und fröhliche Musik aus den Fenstern drang. Das Gartentor stand offen. Mit großen Schritten ging er über den Kiesweg durch den kleinen Vorgarten zum Haus. Da wurde die Tür schon von innen geöffnet. Die junge Wirtin vom Goldenen Krug stand vor ihm und lachte ihn an. Alle seine Freunde waren gekommen und wollten ihm zum Geburtstag gratulieren. Und weil die Türe nicht verschlossen war, waren sie hineingegangen, hatten im Wohnzimmer alles vorbereitet für ein Fest. Schinken, Käse und Brot lagen da auf dem Tisch und in der Mitte stand auch eine schöne Geburtstagstorte. Teller und Gläser standen bereit. Aus der Küche drang Kaffeegeruch. Auch an Bier und Wein fehlte es nicht.

„Wo bleibst du so lange, Hans?" riefen sie und zogen ihn zum Tisch. „Wir wollen doch mit dir feiern!"

Hans konnte die Überraschung noch gar nicht recht fassen. Wie freute er sich, dass sie alle an seinen Geburtstag gedacht hatten. Er setzte sich. Um seinen Platz herum lagen Geschenke, kleine Päckchen mit buntem Papier und Schleifen drum herum. Mit seinen Freunden aß er und trank; sie erzählten, lachten und sangen fröhliche Lieder. Mitten im Singen aber hielt Hans plötzlich inne. Von draußen hörte er eine weitere Stimme. Er hörte das himmlische, helle Lied des kleinen blauen Vogels. Und es war, als ob der Vogel mitsingen würde mit ihm und seinen Freunden. Als er das hörte, wurde sein Herz ganz leicht und froh. Er wusste, dass hier der Ort war, an dem er sein wollte, dass dies die Menschen waren, mit denen er sein wollte. Ganz tief in sich drinnen konnte er es wieder hören – sein eigenes Lied.

„Still!“ rief er seinen Freunden zu. Da schwiegen sie und lauschten alle dem hellen Lied des Vogels.

Mitten in diesen schönen Moment hinein klopfte es plötzlich laut an die Tür. Herein kam der Kaufmann, dem Hans die neuen Reiseschuhe gemacht hatte. Gratulieren wollte auch er und gleichzeitig anfragen, ob es sich Hans überlegt habe mit der schönen Arbeitsstelle in der großen Stadt. Schon morgen könne es losgehen. Nur noch Hochzeitsschuhe... viel mehr Geld... und bald ein großes Haus...

Alle schwiegen und sahen gespannt auf Hans. Der aber blickte am Kaufmann vorbei zum Fenster und lauschte in den Vorgarten hinein. Der kleine Vogel war verstummt.

„Nein!“ sagte er dann mit fester Stimme. „Hier will ich bleiben, der Schuster sein in dieser kleinen Stadt. Schuhe will ich machen für alle, ob Bauer oder Bürgermeister, ob Lumpensammler oder Bäckerin. Mein kleines Haus ist mir gut genug und mehr Geld brauche ich nicht.“

Dann lud er den Kaufmann ein, sich mit an den Tisch zu setzen und seinen Geburtstag zu feiern. Doch dieser wollte gleich wieder gehen und letzte Reisevorbereitungen treffen für den morgigen Tag. Kaum war er gegangen, begann draußen im Garten der kleine Vogel wieder singen. Da wusste Hans, dass der Vogel ihm half, seine eigene, innere Stimme zu hören und freute sich sehr.

Bald war die Feier wieder in vollem Gange, als es erneut klopfte. Die Witwe des Richters trat in die Stube und war erstaunt über die

fröhliche Feier. Tatsächlich war sie noch zu später Stunde ausgegangen, um Hans zu gratulieren, ihm auch eine Flasche vom besten Wein zu bringen. Nachdem sie das getan hatte, kam sie zwar ohne Umschweife, aber doch mit schmeichelnden Worten noch einmal auf ihr Anliegen zu sprechen. Für einen schönen, tüchtigen Mann wäre es doch an der Zeit, in ihrem prächtigen Haus zu leben, in feinen Kreisen zu verkehren und ferne Reisen zu machen. Zu alle dem würde sie ihm gerne verhelfen.
Von Heiraten sagte sie erst einmal nichts. Hans musste gar nicht die Ohren spitzen. Er wusste es schon, dass der Vogel draußen nicht mehr sang.
„Nein!" sagte er mit fester Stimme. „Mein kleines Haus ist mir gut genug und viele Freunde passen auch noch hinein. In bester Gesellschaft bin ich hier schon und kann mir keine bessere vorstellen. Was aber das Reisen betrifft, so eilt es nicht. Ich werde mir noch überlegen, wann ich wohin fahren möchte – und mit wem. Aber danke für das freundliche Angebot."
Die Witwe des Richters sah ihn etwas unwil-

lig an, nickte dann nur leicht mit dem Kopf und verließ zügigen Schrittes das Haus. Diesmal versuchte Hans erst gar nicht mehr, sie zum Bleiben und Mitfeiern zu bewegen.
Kaum waren die Schritte der Witwe verhallt, begann der kleine Vogel draußen wieder mit seinem Lied. Da wurde Hans das Herz leicht. Mit seinen Freunden feierte er fröhlich bis weit nach Mitternacht.
An vielen Abenden in der nächsten Zeit konnte Hans nun den kleinen silberblauen Vogel noch hören.
Wenn er unsicher war in einer bedeutsamen Frage, lauschte er abends, ob der Vogel dazu sein wunderbares Lied singen würde. Als einmal ein reicher Mann vorbeikam, und für viel Geld sein Haus kaufen wollte, weil es so schön nah am Wald gelegen war, da sang der Vogel keinen einzigen Ton. Wenn aber an manchen Abenden die junge Wirtin vom Goldenen Krug kam, um Hans zu besuchen, da sang er besonders kräftig und lange.
Auf diese Weise geschah es wie von selbst, dass er auch seine eigene innere Stimme, sein ganz eigenes inneres Lied immer besser hören konnte.

Als Hans irgendwann bemerkte, dass der Vogel nicht mehr kam, wurde er erst etwas traurig. Bald aber wurde sein Herz wieder froh, denn er wusste, er konnte nun seine eigene Stimme, sein eigenes inneres Lied so gut hören, dass der Vogel ihm nicht mehr helfen musste.

Christel Gottwals, geb. 1956, Pfarrerin und Supervisorin (DGSv), ist vor allem bekannt geworden durch ihre Morgenandachten im Hörfunk. Sie hat zwei Erzählbände („Wie das Licht eines neuen Tages", „Probieren, ob die Flügel tragen"), sowie weitere Erzählungen in Sammelwerken und zahlreiche Beiträge in Praxishilfen veröffentlicht. Als freie Autorin schreibt, malt und lebt Christel Gottwals auf einem kleinen Stück Land am Fuße des Vogelsbergs.

Anja Zimmer, geb. 1968, studierte Germanistik und Theologie in Gießen. Ihre Magisterarbeit verfasste sie zu dem Thema „Der Wandel des Frauenbildes im Märchen".
In ihrem 2002 gegründeten Verlag veröffentlichte sie bisher drei historische Romane, einen Reisebericht und „Märchen für mutige Mädchen".

Bildnachweis: S. 4, 21, 60: Schottland; S. 6: Mühle in Altwindeck; S. 35: In Anitas Garten, S. 22: Elsaß, S. 94: Agger
S. 74: Schusterwerkzeug vor Anitas Haustür. Das Werkzeug ist eine freundliche Leihgabe des Schustermeisters Jörg Heinisch, Grünberg. Fotos: Frank Glabian und Anja Zimmer .

Anja Zimmer
Mitternachtsblüten
Das Leben der Anna von Hessen

„Das Kind ist mein und gehet mir zu Herzen." Hinter diesem Satz verbirgt sich der Kampf Annas von Hessen um ihren Sohn Philipp.
Anna ist fünfzehn Jahre alt, als sie im Oktober des Jahres 1500 mit Wilhelm II. von Hessen verheiratet wird. Die Hoffnungen, mit denen das temperamentvolle Mädchen diese politische Ehe eingeht, sind schnell zerstört. Mit ihrem Mann, den sie mit „Sie" und „Herr" ansprechen muss, verbindet sie wenig.
Als Wilhelm schwer erkrankt, ist Annas Sohn - der zukünftige Landesherr - sechs Monate alt. Wilhelm übergibt in seinem Testament Anna und ihre Kinder der Vormundschaft Ludwigs von Boyneburg - Annas ärgstem Feind. Anna fürchtet um das Leben ihres Kindes und beginnt einen Kampf, in dessen dunklen Stunden sie zu einer willensstarken und selbstbewussten Frau erblüht.

ISBN 978-3-940855-13-8
520 Seiten; 12x19cm; € 11,95 Taschenbuch